ENTRE LA LEY Y LA GRACIA

De Agente del Estado a Mensajera de Dios

María Isabel Rodriguez

Pastora | Autora | Ministerio

Legacy Publishing House

Entre la Ley y la Gracia

De Agente del Estado a Mensajera de Dios

Publicado por Legacy Publishing House

Estados Unidos de América

Primera edición, 2026

Impreso en Estados Unidos de América

ISBN: 979-8-9941187-9-5

correo electronico: airamisabel05@gmail.com

ENTRE LA LEY Y LA GRACIA — María Isabel Rodríguez

CONTENIDO

PRÓLOGO

La Mujer Que Vivía Por El Reglamento

Entre La Ley y La Gracia

"No penséis que he venido para abrogar la ley o los profetas; no he venido para abrogar, sino para cumplir."

— Mateo 5:17 (RVR1960)

I. NACÍ ENTRE DOS MUNDOS

Hay personas que conocen la ley desde el libro. Yo la conocí desde la piel. Desde que era niña, crecí en un hogar donde las reglas del mundo no siempre se respetaban. Vi cosas que ningún niño debería ver. Fui testigo de negocios que caminaban en la penumbra, y aprendí antes de tiempo que la vida podía ser áspera, injusta, y que el orden — si existía — era un privilegio que muy pocos disfrutaban.

Esa infancia me marcó. Pero no me destruyó. Hizo algo que quizás ni yo entendí en ese momento: encendió en mí una sed de justicia que no se apagaría por décadas. Porque cuando creces en el caos, la ley se convierte en algo sagrado. Cuando nadie a tu alrededor respeta las reglas, tú decides hacerlas tuyas — con una intensidad que roza lo absoluto.

Así fue como la ley se convirtió en mi hogar, mucho antes de que yo usara una placa.

II. LA PLACA, LA ACADEMIA Y EL ALMA SIN PIEDAD

Durante diez años serví como agente estatal en Puerto Rico. Diez años que no fueron ni cortos ni fáciles. Me formé en una academia que me enseñó una sola cosa con absoluta claridad: la ley se cumple. Sin excepciones. Sin sentimentalismos. Sin piedad.

Y yo aprendí bien esa lección.

Realicé arrestos que marcaron mi carrera. Enfrenté situaciones donde la muerte no era una posibilidad remota — era una presencia real, tangible, que más de una vez pasó rozando mi vida. Hubo noches en que regresé a casa cargando el peso de lo que había visto, pero me entrené para no sentirlo. Porque eso fue lo que aprendí: un agente siente con la mente, no con el corazón.

Estudié leyes en la universidad. Entendía los códigos, los estatutos, los procedimientos. Y en todo ese proceso me convertí en algo que, con el paso del tiempo, aprendería a examinar con más cuidado: me convertí en una persona que medía todo — incluyendo a las personas — por el estándar de lo que está escrito.

Fui Agente del Año en varias ocasiones. El sistema me reconoció. Yo creía que estaba haciendo lo correcto. Y en muchos sentidos, lo estaba haciendo. Pero había algo que no veía: que la ley sin gracia puede proteger el orden y al mismo tiempo endurecer el alma.

III. EL DÍA QUE DIOS ME LLAMÓ

Nadie en su sano juicio enviaría a predicar el Evangelio a una exagente sin piedad. Nadie, excepto Dios.

La paradoja más grande de mi vida no fue sobrevivir en las calles. Fue descubrir que el mismo Dios cuya ley yo tanto admiraba había decidido enviarme a proclamar su gracia.

Cuando Dios me llamó al ministerio, lo primero que hice fue abrir mi Biblia con los mismos ojos con que había leído los reglamentos de la academia. Y lo que encontré me desconcertó profundamente.

En el Antiguo Testamento encontré a un Dios que hablaba mi idioma: directo, contundente, sin ambigüedades. La ley del Sinaí no dejaba espacio para interpretaciones convenientes. Era exacta, exigente, absoluta. La leí y pensé: "Este Dios hubiera sido un excelente comandante de academia."

Pero luego llegué al Nuevo Testamento. Y algo comenzó a romperse dentro de mí.

Jesús no abolió la ley. Eso era crucial — yo lo entendí desde el primer momento porque venía de una mentalidad legalista. Él no vino a destruir el reglamento. Vino a cumplirlo perfectamente y a ofrecer algo que ningún código humano puede dar: gracia. Misericordia. Una segunda oportunidad que no se merece, sino que se recibe.

Eso me costó tiempo procesar. Porque la gracia, para quien ha vivido bajo la ley, suena peligrosamente parecida a la impunidad. Y la impunidad era exactamente lo que yo había combatido por una década.

IV. EL MUNDO QUE NOS TOCA VIVIR

Escribo este libro en un momento de profunda crisis civilizatoria. Vivimos en un mundo que, paradójicamente, tiene más leyes que nunca y menos justicia que nunca. Las naciones producen legislación a un ritmo vertiginoso. Los políticos invocan el estado de derecho con la misma boca con que lo violan. Líderes religiosos afirman hablar en nombre de Dios mientras sus acciones contradicen cada página del Evangelio.

Todos creen tener la verdad. Todos están seguros de que su bando es el correcto, su interpretación la válida, su causa la justa. Y mientras tanto, el mundo — nuestra sociedad, nuestras familias, nuestras comunidades — se fragmenta en mil pedazos.

¿Qué papel juega el enemigo en todo esto? No menor. Satanás no necesita inventar el mal desde cero. Le basta con pervertir lo bueno: tomar la ley y convertirla en legalismo; tomar la gracia y convertirla en libertinaje; tomar la fe y convertirla en fanatismo. Sus artimañas son antiguas, pero siguen funcionando con escalofriante eficacia.

Y entonces me pregunto — y te pregunto a ti, lector — : ¿A dónde vamos a parar?

V. LA RESPUESTA QUE LO CAMBIA TODO

La respuesta no está en un sistema político más perfecto. No está en una reforma legal más estricta. No está en una religión más organizada. La respuesta está en una tumba vacía.

La resurrección de Jesucristo es el punto donde todo converge. Es la declaración más contundente que la historia ha conocido de que la ley — incluso la ley de la muerte — no tiene la última palabra. Cristo resucitó, y con esa resurrección estableció que hay una autoridad que trasciende toda ley humana, toda corrupción institucional, todo sistema fallido.

Eso no significa que las leyes no importen. Las leyes importan — yo lo sé mejor que nadie. Pero ninguna ley puede transformar un corazón. Ningún código puede dar vida donde no la hay. Ningún reglamento puede perdonar.

Solo la gracia puede hacer eso.

VI. POR QUÉ ESCRIBÍ ESTE LIBRO

Este libro es mi testimonio. Es la historia de una mujer que conoció la ley desde la cuna, la ejerció con firmeza durante una década, y fue alcanzada — de manera completamente inesperada — por la gracia de un Dios que no abandona a ninguno de sus hijos, ni siquiera a los más tercos.

Lo escribo para el creyente que se ha vuelto rígido con la Biblia en la mano, como yo lo fui con el reglamento. Para quien confunde obedecer con amar. Para quien conoce cada versículo pero ha olvidado el corazón detrás de cada uno.

Lo escribo también para quien está perdido en este mundo caótico, buscando una verdad que no cambie, una justicia que no se compre, un amor que no se agote.

Y lo escribo para mí misma. Porque a veces la persona que más necesita leer estas páginas es quien las escribe.

La ley me formó. La gracia me transformó.

Bienvenido a este camino.

María Isabel Rodríguez

Pastora, Autora y Líder Ministerial
New Jersey, Estados Unidos

CAPÍTULO 1

Forjada en el Fuego

La infancia que me formó sin saberlo

*"Antes que te formase en el vientre te conocí,
y antes que nacieses te santifique."*

— Jeremías 1:5 (RVR 1960)

I. LA CASA DONDE APRENDÍ QUE EL MUNDO NO ERA SEGURO

Hay niños que crecen en casas donde la ley es el amor. Donde los adultos protegen, donde los límites son claros, donde nadie tiene que adivinar si el día de mañana sera bueno o sera terrible. Yo no fui uno de esos niños.

Creci en un hogar donde las reglas eran invisibles o inexistentes, donde los adultos que debían cuidarme a veces eran la fuente del peligro mismo. Vi cosas que no le corresponden a los ojos de un niño: negocios hechos en la penumbra, decisiones que bordeaban lo ilegal, momentos en que el miedo era el aire que se respiraba en casa.

No cuento esto para despertar lástima. Lo cuento porque es el origen de todo. Porque ese niño que observa el caos desde un rincón no desaparece — se convierte en adulto. Y ese adulto, si no recibe sanidad, carga consigo el peso de lo que vio.

Pero Dios, en su soberana misericordia, hace algo extraordinario con el dolor: lo convierte en combustible. Lo que debía destruirme se convirtió en el motor de una sed de justicia que me llevaria a los lugares mas peligrosos de Puerto Rico a hacer cumplir la ley.

II. EL ABUSO Y LA PROMESA SILENCIOSA

El abuso deja marcas que no se ven a simple vista. No son cicatrices en la piel; son grietas en la manera en que uno ve el mundo, en la forma en que uno procesa la autoridad, el poder, la confianza.

Estuve expuesta a abusos que moldaron en mi una convicción temprana: las personas que hacen daño a otros no pueden quedar impunes. Esa convicción no era solo un pensamiento — era una llama que ardia con fuerza creciente dentro de mi.

Sin saberlo, ya estaba siendo preparada. No por una academia, no por un curriculum universitario. Estaba siendo preparada por la vida misma para hacer algo que haria con toda mi alma: llevar ante la justicia a quienes causaban daño.

La infancia dolorosa no fue un accidente. Fue la fragua donde Dios estaba forjando un instrumento.

III. CUANDO LA LEY SE CONVIRTIÓ EN MI REFUGIO

A medida que crecía, descubrí algo que muchos dan por sentado pero que para mi fue una revelación: existía un sistema. Un conjunto de reglas que, si se seguían, prometian orden. Prometian que lo malo tenía consecuencias y lo bueno tenía recompensa. Para una niña que había vívido en la arbitrariedad, eso era casi milagroso.

La ley se convirtió en mi refugio. En mi paradigma. En el lente a través del cual empecé a ver el mundo. Si algo era legal, era aceptable. Si violaba la ley, merecia castigo. No había zonas grises, no había excepciones. La ley era la ley.

Esta mentalidad me hizo funcional, eficiente, y enfocada. Pero también me fue haciendo inflexible. Rígida. Incapaz de ver mas allá del blanco y el negro. Esa rigidez me haria Agente del Año varias veces. Y también sería lo que Dios eventualmente tendria que desmantelar con ternura — y con paciencia infinita.

IV. REFLEXIÓN PASTORAL: EL PROPÓSITO DETRÁS DEL DOLOR

La teología reformada nos enseña que Dios es soberano sobre todas las cosas — incluyendo las circunstancias de nuestro nacimiento, nuestra familia, nuestra infancia. Esto no significa que Dios sea el autor del mal; significa que Dios puede redimir cualquier circunstancia para sus propósitos eternos.

El apóstol Pablo lo expresa con claridad meridiana: 'Sabemos que a los que aman a Dios, todas las cosas les ayudan a bien' (Romanos 8:28). No dice 'algunas cosas'. No dice 'las cosas buenas'. Dice todas las cosas.

Para quien lee esto desde una infancia herida, quiero decirte algo que tardé años en creer pero que hoy es la roca de mi fe: tu historia no es un accidente. Ni tus heridas, ni tus pérdidas, ni las injusticias que sufriste. Dios estaba ahí. Dios te vio. Y Dios tenía — y tiene — un plan que trasciende todo lo que el dolor te hizo creer sobre ti mismo.

La fragua mas caliente produce el acero mas fuerte.

Preguntas para reflexión:

1. Que circunstancias de tu infancia o pasado han moldeado tu manera de ver la justicia y la autoridad?

2. Has permitido que Dios redima esas experiencias, o todavía las cargas como un peso?

3. En que áreas de tu vida puedes ver hoy que Dios estaba obrando incluso en los momentos mas oscuros?

CAPÍTULO 2

La Academia

Donde aprendí a no tener piedad

"El hombre mira lo que esta delante de sus ojos,
pero Jehová mira el corazón."

— 1 Samuel 16:7 (RVR 1960)

I. EL DÍA QUE RECIBÍ LA PLACA

Hay momentos que marcan la vida de una persona con tanta fuerza que todo lo que vino antes queda dividido en un 'antes' y un 'despues'. Para mi, ese momento fue el día en que recibí mi placa como agente estatal en Puerto Rico.

No era solo un objeto metálico. Era una identidad. Era la confirmación de que la sed de justicia que había cargado desde niña tenía ahora un cañal legítimo, un uniforme, una autoridad reconocida por el estado. Sentía que finalmente era quien debía ser.

La academia me recibió y me transformó con precisión quirúrgica. Su objetivo no era crear filósofos de la justicia — era crear instrumentos de la ley. Agentes que respondieran con rapidez, que no vacilaran ante el peligro, que aplicaran los procedimientos sin dejar que las emociones interfirieran.

Y yo fui una estudiante excelente.

II. LO QUE LA ACADEMIA ENSEÑÓ

La formación policial tiene una lógica interna que, vista desde afuera, puede parecer dura. Pero desde adentro tiene un sentido claro: en las calles, la duda puede costarte la vida. La vacilación puede costarte la vida. La piedad en el momento equivocado puede costarte la vida.

Así que la academia te enseña a desactivar algo en ti. No completamente — pero si lo suficiente para que puedas hacer tu trabajo. Te enseña a ver situaciones, no personas. A evaluar amenazas, no corazones. A aplicar la ley, no el misericordio.

Aprendí técnicas de combate, protocolos de arresto, manejo de armas, procedimientos legales. Aprendí a leer una escena del crimen, a interrogar a un sospechoso, a mantener la calma en situaciones de extremo peligro.

Pero sobre todo aprendí esto: la ley no negocia. La ley se cumple.

Y yo la cumplí. Con toda la intensidad de una mujer que crecía que en el cumplimiento de la ley estaba la solución a todos los males del mundo.

III. EL COSTO INVISIBLE

Lo que nadie te dice cuando entras a la academia — lo que nadie puede decirte hasta que lo vives — es el costo que tiene esa formación sobre el alma.

Para ser eficiente en las calles, tuve que aprender a no sentir. O mas exactamente: a posponer el sentir indefinidamente. Ver violencia y no derrumbarse. Hacer arrestos de personas que quizás tenían niños esperandolos en casa y no permitir que eso te detuviera. Escuchar historias desgarradoras y mantener la cara de piedra que el trabajo exigia.

Esa capacidad de desconexión emocional es funcional en el campo. Pero se filtra a todas las áreas de la vida. Y poco a poco, sin que yo lo notara, la misma agente que no tenía piedad en el trabajo tampoco la tenía consigo misma, ni con las personas que amaba.

La ley que me protegia en las calles se convirtió en la ley que me aprisionaba por dentro.

IV. LEY HUMANA Y LEY DIVINA: PRIMERA COMPARACIÓN

Cuando años después comencé a estudiar la Ley de Dios — la Torá, los mandamientos del Sinaí — me encontre con algo que me resultó familiar de manera inquietante: aquí también había precisión, exigencia, consecuencias claras para la desobediencia.

El Levítico, el Deuteronomio — estos textos tienen la estructura mental de un manual de procedimientos. Si haces esto, la consecuencia es esta. Si violas este mandamiento, el resultado es este. No hay ambigüedad. No hay espacio para la negociación.

Y entendí por primera vez algo que los religiosos a veces olvidan: Dios no dio la ley por capricho. La dio porque el orden es necesario. Porque la santidad importa. Porque las consecuencias del pecado son reales y devastadoras.

La diferencia — y esto lo aprendería con el tiempo — es que la ley humana tiene como objetivo la regulación del comportamiento externo. La ley divina tenía un objetivo mucho mas profundo: revelar que ningún ser humano puede cumplirla perfectamente, y que por lo tanto todos necesitamos algo que la ley por si sola no puede dar.

Todos necesitamos gracia.

Preguntas para reflexión:

1. Que sistemas de pensamiento o valores ha instalado en ti tu formación profesional, familiar o religiosa?

2. Hay áreas de tu vida donde aplicas 'la ley' con tanta rigidez que has perdido la capacidad de la misericordia?

3. Como equilibras en tu vida cotidiana la necesidad de orden y principios con la llamada a la gracia y la compasión?

CAPÍTULO 3

En el Ojo del Peligro

Cuando la muerte me miró de frente

"Aunque ande en valle de sombra de muerte,
no temeré mal alguno,
porque tu estarás conmigo."

— Salmo 23:4 (RVR 1960)

I. LAS CALLES DE PUERTO RICO

Puerto Rico es una isla hermosa. De día, sus playas y sus montañas tienen una luz que parece pintada. Pero hay una Puerto Rico nocturna, una Puerto Rico de callejones y esquinas oscuras, que muy pocos conocen y que yo conocí palmo a palmo durante una década.

Las calles donde trabajé no eran espacios abstractos. Eran comunidades reales con familias reales, con niños que jugaban entre las mismas aceras donde a veces había sangre al amanecer. Eran territorios marcados por el tráfico de drogas, la violencia de pandillas, la desesperación de la pobreza mezclada con la brutalidad del crimen organizado.

Yo entre a esos espacios con mi placa, mi entrenamiento y una certeza que con el tiempo aprendería a cuestionar: que la ley era suficiente para cambiar las cosas.

II. LOS ARRESTOS QUE MARCARON MI VIDA

No todos los arrestos son iguales. Hay arrestos de rutina, procedimentales, que se hacen casi de manera automática. Y hay arrestos que te cambian por dentro, que te hacen enfrentar preguntas que preferias no hacerte.

Hice arrestos que aparecieron en los periódicos. Operativos que requirieron meses de investigación, coordinación con otras agencias, y una precisión que no admitia errores. Cada uno de esos casos tenía nombre y cara: el traficante que había destruido una comunidad entera, el violento que había dejado víctimas en varias jurisdicciones, el corrupto que usaba su posición para proteger el crimen.

Llevar a esas personas ante la justicia me producía una satisfacción que era genuina. No era crueldad — era la convicción de que el orden requeria consecuencias. De que la ley importaba.

Pero también hice arrestos que me mantuvieron despierta por las noches. Jóvenes que habían tomado decisiones equivocadas en contextos que casi no les dejaban opciones. Personas atrapadas en ciclos de pobreza y violencia que parecían no tener salida. Y yo, cumpliendo mi función, los llevaba ante un sistema que muchas veces podía procesar cuerpos pero no sanar almas.

III. CUANDO LA MUERTE RONDÓ MI VIDA

Hay una cosa que no sale en los informes de servicio: el miedo. No el miedo cobarde que paraliza, sino ese miedo lúcido, casi frío, que te dice que en este momento tu vida esta genuinamente en riesgo.

Lo sentí varias veces. En operativos donde los disparos no eran simulados. En situaciones donde el margen entre salir con vida o no era milimetrico. En momentos donde después de todo terminaba, sentada en el auto con las manos firmes y el corazón golpeando fuerte, me preguntaba: por que sigo aquí?

Hoy tengo una respuesta que entonces no tenía: porque Dios no había terminado conmigo. Porque había un propósito que trascendia esas calles, ese uniforme, esa placa. Porque la misma mano que me había formado en el fuego de la infancia me estaba guardando para algo que yo todavía no podía imaginar.

La muerte me miró de frente varias veces. Y cada vez que lo hizo, algo dentro de mi — algo que aún no sabía que era fe — decía: todavía no.

IV. EL PESO QUE SE ACUMULA

Los sicólogos tienen un nombre para lo que ocurre cuando una persona esta expuesta de manera repetida a situaciones de trauma y violencia: estres postraumatico. Pero en el ambiente policial, reconocer ese peso a veces se percibe como debilidad.

Así que no lo reconocí. Lo empacare. Lo guarde en un lugar dentro de mi donde pensaba que no molestaria. Y segui adelante, haciendo mi trabajo, recibiendo reconocimientos, siendo eficiente.

Pero las cosas guardadas no desaparecen. Solo esperan el momento en que ya no caben mas. Y cuando ese momento llegó, fue Dios quien estuvo ahí para recoger los pedazos.

Porque ese es el carácter de Dios que yo no conocía desde la ley: no es solo el Juez que evalua el comportamiento. Es el Padre que conoce el interior. El que ve lo que guardamos cuando nadie mira. Y en lugar de condenarlo, lo sana.

V. REFLEXIÓN TEOLÓGICA: DIOS EN LOS VALLES

El Salmo 23 no promete que nunca caminaremos por valles de sombra. Promete que no lo haremos solos. Esa distinción es crucial.

Muchos creyentes, cuando llegan a la fe después de experiencias duras, esperan que Dios elimine los peligros y las dificultades. Y se desconciertan cuando el peligro continua, cuando la adversidad no desaparece. Pero la promesa bíblica no es la ausencia del valle — es la presencia del Pastor en el valle.

Mirando atrás, puedo ver con claridad lo que no podía ver en el momento: Dios estuvo en cada operativo peligroso. En cada momento donde la muerte rondó. No como un escudo mágico que me garantizaba comodidad, sino como una presencia real que me sostuvo cuando mis propias fuerzas no eran suficientes.

La gracia no nos saca del fuego. Nos acompaña a través de el.

Preguntas para reflexión:

1. Has cargado experiencias traumáticas o peligrosas que nunca has procesado completamente?

2. En que momentos de tu vida puedes ver hoy la mano protectora de Dios, aunque entonces no lo reconociste?

3. Como cambia tu percepción del peligro y la adversidad cuando la ves a través del lente de la soberanía de Dios?

CAPÍTULO 4

Agente del Año

El éxito que se siente vacío

"Porque todo el que se enaltece, será humillado; y el que se humilla, será enaltecido."

— Lucas 14:11 (RVR 1960)

I. LOS RECONOCIMIENTOS

Ser nombrada Agente del Año no ocurre una sola vez en mi carrera — ocurrió varias veces. Cada reconocimiento venía con un protocolo: el acto oficial, la foto, los aplausos de los colegas, las palabras de los superiores destacando el trabajo realizado. Era el sistema diciendote: lo estas haciendo bien.

Y en muchos sentidos, lo estaba haciendo bien. Los números reflejaban un desempeño excepcional. Los casos cerrados, los criminales aprehendidos, los procedimientos seguidos con precisión. Había construido una reputación de eficiencia y determinación que mis superiores valoraban y mis colegas reconocian.

Desde afuera, todo parecía perfecto. Había llegado donde quería. Había convertido el dolor de mi infancia en un propósito visible, measurable, aplaudido.

Entonces, ¿por que había noches en que el éxito se sentía tan extraordinariamente vacío?

II. EL PARAÍSO QUE NO COLMABA

El éxito profesional es una trampa sutil. No porque sea malo en si mismo — el trabajo bien hecho es digno de honor — sino porque tiene la capacidad de convertirse en un sustituto de lo que realmente necesitamos.

Yo había construido mi identidad sobre la placa. Sobre el rendimiento. Sobre la capacidad de cumplir la ley mejor que cualquier otro. Y cuando esa identidad era validada por premios y reconocimientos, sentía temporalmente que todo estaba en orden.

Pero el ser humano no fue creado para encontrar su plenitud en el rendimiento. Fue creado para encontrarla en relación — con Dios y con otros. Y esa relación era exactamente lo que mi formación, mi historia y mis mecanismos de defensa me habían impedido desarrollar en profundidad.

Los logros llenaban el espacio durante el día. Pero en el silencio de la noche, la pregunta volvía: ¿Esto es todo? ¿Para esto fue todo el camino?

III. LO QUE EL ÉXITO NO PUEDE COMPRAR

La ley puede generar orden. Los logros pueden generar reconocimiento. El éxito profesional puede generar estabilidad económica. Pero ninguna de estas cosas puede comprar paz interior. Ninguna puede sanar las heridas que vienen de la infancia. Ninguna puede llenar el vacío que solo Dios puede llenar.

Hay un proverbio que dice: 'Hay camino que al hombre le parece derecho, pero su fin es camino de muerte' (Proverbios 14:12). Yo estaba en ese camino. Recto desde afuera, reconocido por el sistema, impecable en su ejecución. Y al mismo tiempo, espiritualmente vacío.

El éxito sin propósito trascendente es una correría sin destino. Puedes ganar todos los trofeos y al final preguntarte por que los ganaste.

IV. LA PREGUNTA QUE CAMBIÓ TODO

No recuerdo el día exacto, ni las circunstancias precisas. Pero hubo un momento — o quizá fueron muchos momentos acumulados — en que la pregunta cambió de forma. Ya no era '¿por que me siento vacía?' sino algo mas profundo, mas urgente:

¿Para que me salvo Dios en todas esas situaciones peligrosas?

Porque yo no era creyente en el sentido pleno de la palabra. Pero tampoco era atea. Había momentos — en los operativos mas peligrosos, en los instantes donde la muerte era real y presente — en que algo dentro de mi reconocia que no estaba sola. Que había una protección que trascendia mi entrenamiento y mi equipo.

Y cuando el éxito profesional empezó a sentirse insuficiente, esa pregunta dormida despertó con fuerza: si Dios me guardo, zcon que propósito lo hizo? ¿No puede ser solo para recibir mas placas.

Esa pregunta fue la puerta. Y Dios estaba esperando al otro lado.

V. LA TRAMPA DEL LEGALISMO ESPIRITUAL

Hay un paralelo inquietante entre el éxito basado en la ley profesional y el éxito basado en la ley religiosa. En ambos casos, la persona construye su identidad sobre el cumplimiento: cumplo las reglas, por lo tanto soy valioso. Cumplo los mandamientos, por lo tanto Dios me acepta.

Este es el error central del fariseísmo — y también el error central de mucha religión contemporánea. El evangelio no dice 'cumple la ley y seras aceptado'. Dice algo radicalmente diferente: 'Fuiste aceptado en Cristo antes de que cumplieras nada, y esa aceptación es la base desde la cual ahora vives.'

La diferencia entre esas dos posiciones no es semántica. Es la diferencia entre el agotamiento y el descanso. Entre la religión que esclaviza y la fe que líbera.

Yo tardaría tiempo en entender esta diferencia. Pero el proceso había comenzado. El éxito que se sentía vacío estaba cumpliendo su función providencial: vaciandome de mi misma para que pudiera ser llenada de algo que realmente durara.

Preguntas para reflexión:

1. ¿En que logros o rendimientos has construido tu identidad? ¿Qué pasaria si esos logros desaparecieran?

2. ¿Has experimentado el éxito que se siente vacío? ¿Qué crees que estaba buscando en realidad?

3. ¿Cómo defines tu valor como persona — a través del cumplimiento o a través de la gracia de Dios?

CAPÍTULO 5

La Ley en el Antiguo Testamento

Intensa, directa, sin piedad

"Guardad mis estatutos y mis ordenanzas, los cuales haciendo el hombre, vivirá en ellos."

— Levítico 18:5 (RVR 1960)

I. EL SINAI: CUANDO DIOS HABLÓ COMO LEGISLADOR

Imagine el escenario: dos millones de personas acampadas al pie de una montaña que humea y tiembla. El trueno y los relámpagos no son atmósfera — son la presencia literal del Dios del universo descendiendo a dar su ley. Las personas tiemblan. Moisés sube a la oscuridad donde Dios esta. Y de esa montaña descienden los Diez Mandamientos.

Como exagente del orden público, leia esa escena con ojos particulares. Reconocia la estructura: una autoridad superior establece las reglas para una comunidad. Las consecuencias de la desobediencia son claras. El cumplimiento no es opcional.

El código legal del Antiguo Testamento es extenso y detallado. El Levítico tiene regulaciones para la vida religiosa, las enfermedades, las relaciones sexuales, la propiedad, el comercio. El Deuteronomio repasa y amplia esa legislación. No hay área de la vida humana que quede fuera del alcance de la Torá.

Para una mujer formada en la mentalidad del cumplimiento legal, esto era comprensible. Incluso admirable. Este Dios hablaba mi idioma.

II. LA LEY SIN MISERICORDIA: CASOS QUE IMPACTAN

Hay pasajes del Antiguo Testamento que resultan chocantes para el lector moderno. El que blasfema debe ser apedreado. El hijo rebelde puede ser entregado a la comunidad para su ejecución. El que trabaja en sábado merece la muerte. El adúltero y la adúltera seran ejecutados.

Cuando lei estos textos por primera vez como creyente, me encontre en un territorio conocido: justicia retributiva. Consecuencia proporcional al delito. Cero tolerancia para ciertas transgresiones.

Pero también me generaron preguntas que todavía hoy son importantes para la fe: ¿Dónde esta la misericordia en todo esto? ¿Es este el mismo Dios del que habla el Nuevo Testamento? ¿Cómo reconciliamos al Dios del Sinai con el Padre del hijo pródigo?

La respuesta no es sencilla, pero es profunda y hermosa cuando se entiende.

III. EL PROPÓSITO PEDAGÓGICO DE LA LEY

El apóstol Pablo, en su carta a los Gálatas, usa una palabra griega fascinante para describir la función de la ley: 'paidagogos'. En el mundo greco-romano, el pedagogo no era el maestro principal — era el esclavo de confianza que llevaba al niño a la escuela y lo cuidaba hasta que llegara el momento de su madurez.

La ley, dice Pablo, fue nuestro pedagogo para llevarnos a Cristo (Gálatas 3:24). Su función no era salvarnos — era revelarnos nuestra necesidad de salvación. La ley perfecta de Dios, al compararse con la realidad imperfecta de la conducta humana, produce una conclusión inevitable: nadie puede cumplirla completamente. Nadie.

Como agente del orden, entendia que las leyes definen el estándar. Lo que no entendia es que cuando ese estándar es la santidad perfecta de Dios, todos quedamos en el mismo lugar: necesitados de algo que no podemos generar por nosotros mismos.

La ley no fue dada para salvarnos. Fue dada para mostrarnos que necesitamos ser salvados.

IV. GRACIA EN EL ANTIGUO TESTAMENTO: NO TODO ES JUICIO

Sería un error — y un error común — pensar que el Antiguo Testamento es puro juicio y el Nuevo Testamento es pura gracia. La gracia esta presente en el Antiguo Testamento desde el primer capítulo. Dios crea al ser humano, el ser humano lo traiciona, y Dios — en lugar de aniquilarlo — le hace vestidos de piel. Primera imagen de gracia en la Biblia.

La historia de Noé es gracia. El llamado a Abraham es gracia. La liberación de Egipto es gracia. Cada vez que Israel peca y Dios restaura el pacto en lugar de terminarlo, es gracia. El sistema sacrificial mismo — tan dramático, tan sangriento — es gracia: Dios proveyendo un mecanismo de restauración para un pueblo que constantemente fallaba.

La diferencia es que en el Antiguo Testamento, esa gracia apuntaba hacia adelante, hacia el cumplimiento definitivo que vendria en Cristo. Era como la sombra de un objeto que aún no había llegado.

La ley dice lo que Dios requiere. La gracia provee lo que la ley exige.

Preguntas para reflexión:

1. ¿Cómo has entendido la relación entre el Dios del Antiguo Testamento y el Dios del Nuevo Testamento?

2. Ha habido momentos en que la ley — religiosa o civil — te ha mostrado tu necesidad de algo mas profundo?

3. ¿Cómo cambia tu lectura del Antiguo Testamento cuando lo ves como un texto que apunta hacia Cristo?

CAPÍTULO 6

Jesús No Abolió la Ley, la Cumplió

El día que la justicia y la gracia se besaron

"No penséis que he venido para abrogar la ley o los profetas; no he venido para abrogar, sino para cumplir."

— Mateo 5:17 (RVR 1960)

I. EL SERMÓN DEL MONTE: UN NUEVO ESTÁNDAR

Jesús sube a un monte y comienza a hablar. Sus oyentes conocen la ley. La han escuchado en la sinagoga toda su vida. Y entonces Jesús dice algo que los debe haber dejado sin palabras: 'Oisteis que fue dicho... pero yo os digo...'

No esta cancelando los mandamientos. Esta llevandolos a su profundidad original. No matarás — pero yo os digo que quien se enoje con su hermano ya ha violado el espíritu de ese mandamiento. No adulterarás — pero yo os digo que quien mira con deseo ya adúltera en el corazón.

Desde la perspectiva de una persona formada en la ley, esto era radical. La ley que yo conocía regulaba el comportamiento externo. Jesús estaba diciendo que la ley de Dios llega al nivel del corazón, de la intención, del pensamiento.

Nadie puede cumplir eso perfectamente. Nadie excepto El.

II. LA JUSTICIA QUE EXCEDE A LOS ESCRIBAS Y FARISEOS

En el mismo sermón, Jesús dice algo que debe haber resultado escandaloso: 'Si vuestra justicia no fuere mayor que la de los escribas y fariseos, no entrareis en el reino de los cielos' (Mateo 5:20).

Los escribas y fariseos eran los expertos en la ley. Habían construido cercas alrededor de la ley — reglas adicionales para asegurarse de no violar las reglas originales. Su nivel de cumplimiento externo era impresionante.

Y Jesús dice: eso no es suficiente. La justicia que Dios requiere no es mas volumen de cumplimiento externo. Es una justicia de naturaleza diferente — una que viene de adentro, que transforma el carácter, que no necesita cercas porque el amor ha reemplazado al miedo como motivación.

Esta justicia no se puede fabricar. Solo se puede recibir.

III. EL CUMPLIMIENTO ACTIVO Y PASIVO DE CRISTO

La teología reformada distingue entre la obediencia activa y pasiva de Cristo. La obediencia activa es que Jesús vivió perfectamente toda la ley durante su vida en la tierra — cumplió cada mandamiento, en pensamiento, palabra y obra, de manera que ningún ser humano caído podria hacerlo.

La obediencia pasiva es que Jesús cargó con las consecuencias de la desobediencia humana en la cruz — sufrió el castigo que la ley exigia para quienes la habían violado.

Esto significa que en Cristo se cumplen las dos demandas de la ley: la demanda de perfecta obediencia y la demanda de que el pecado tenga consecuencias. Jesús cumplió ambas en lugar nuestro.

Como alguien que había dedicado su vida a que la ley se cumpliera, esto me resultó profundamente satisfactorio desde un ángulo inesperado: la justicia no fue cancelada. Fue cumplida. Solo que no por mi — por El.

La cruz no es el fin de la justicia. Es la justicia cumplida de manera perfecta y definitiva.

IV. GRACIA QUE NO ES PERMISIVIDAD

Una de mis resistencias iniciales al evangelio de la gracia fue esta: ¿pero entonces cualquiera puede hacer lo que quiera y después pedir perdón? Si la gracia perdona todo, ¿por que habria motivación para obedecer?

Pablo anticipa exactamente esta pregunta en Romanos 6: '¿Qué, pues, diremos? ¿Perseveraremos en el pecado para que la gracia abunde? En ninguna manera.' La gracia genuina no produce licencia — produce transformación. Quien realmente ha sido alcanzado por la gracia de Dios no quiere seguir pecando, no porque la ley lo prohiba, sino porque su corazón ha sido cambiado.

Esto fue lo que finalmente resolvió mi dilema interno. La gracia no es debilidad moral. No es permisividad disfrazada de amor. Es el poder de Dios que produce en el creyente el deseo y la capacidad de vivir de una manera que honre a Dios — no para ganar aceptación, sino desde la aceptación ya recibida.

La ley dice 'debes'. La gracia dice 'puedes, porque Yo ya lo hice'.

Preguntas para reflexión:

1. ¿Cuál es la diferencia entre obedecer a Dios por miedo al castigo y obedecer a Dios por amor y gratitud?

2. ¿En que áreas de tu vida todavía intentas ganarte la aceptación de Dios a través del rendimiento?

3. ¿Cómo cambia tu motivación espiritual cuando entiendes que Cristo ya cumplió la ley en tu lugar?

CAPÍTULO 7

De la Placa al Evangelio

Mi conversión

"De modo que si alguno esta en Cristo, nueva criatura es; las cosas viejas pasaron; he aquí todas son hechas nuevas."

— 2 Corintios 5:17 (RVR 1960)

I. EL ENCUENTRO QUE NO ESTABA EN MI AGENDA

Yo no estaba buscando a Dios. Estaba demasiado ocupada buscando criminales. Mi vida tenía estructura, propósito visible, un calendario lleno de casos y operativos y evaluaciones. Dios no estaba en mi agenda.

Pero Dios tenía la mía.

Los encuentros con Dios rara vez ocurren en el momento en que uno los planea o los espera. Ocurren en los margenes: en el silencio inesperado de una tarde, en la pregunta que nadie puede responder satisfactoriamente, en el vacío que el éxito no logra llenar. Y así fue para mi.

No fue un rayo de luz dramático. No fue una voz desde el cielo. Fue algo mas silencioso pero igualmente inconfundible: la convicción creciente de que había una realidad mas grande que yo, de que mi vida tenía un propósito que trascendia los archivos policiales, de que el Dios del que había oído hablar toda la vida — en la cultura puertorriqueña, en las iglesias del vecindario, en los versículos de la Biblia que alguien alguna vez me cito — ese Dios era real y me estaba buscando.

II. LA PARADOJA QUE TODAVÍA ME ASOMBRA

Cuando finalmente me rendi ante la evidencia de ese llamado — cuando deje de correr y me volte a ver a quien me estaba persiguiendo con amor — lo primero que sentí fue algo que no había experimentado en años: paz.

No la paz de los casos cerrados. No la paz del operativo exitoso. Una paz diferente — mas profunda, mas quieta, casi desconcertante en su solidez. La clase de paz que no depende de que las circunstancias esten bajo control.

Y entonces vino la paradoja que todavía me hace detener cuando la pienso: Dios no me llamo a seguir aplicando la ley. Me llamo a proclamar la gracia. La mujer que había sido entrenada para no tener piedad fue llamada a predicar misericordia. La agente que había llevado a personas ante la justicia fue llamada a llevar personas ante el trono de la gracia.

¿Quién puede inventar una historia así? Solo Dios tiene ese sentido del humor — y esa profundidad de propósito.

III. EL PROCESO DE DESAPRENDER

La conversión no es un evento — es un proceso. El evento ocurre en un momento: la decisión, la entrega, el cruce de la línea. Pero lo que sigue es un largo y a veces doloroso proceso de desaprender lo que la vida nos había enseñado y reaprender desde los pies de Cristo.

Para mi, ese desaprendizaje tenía contenidos específicos. Había que desaprender que el valor de una persona depende de su cumplimiento. Había que desaprender que la misericordia es una forma de debilidad. Había que desaprender que el que comete un error merece solo castigo y nunca restauración.

La Biblia me fue mostrando, página a página, una visión del ser humano radicalmente diferente: no como un elemento que funciona o no funciona dentro de un sistema, sino como un ser creado a imagen de Dios, caído en el pecado, pero amado con un amor que desafia toda lógica y que pago el precio mas alto para recuperar lo que se había perdido.

Esa visión cambió como veía a las personas. Y cambiar como ves a las personas cambia todo.

IV. UNA NUEVA IDENTIDAD

Por años, mi identidad había sido la placa. Soy agente. Soy la que cumple la ley. Soy Agente del Año. Esas palabras definan quien era yo en el mundo.

En Cristo, recibí una identidad que ninguna evaluación puede quitar ni ninguna falla puede destruir: soy hija de Dios. No por mérito propio sino por adopción gratuita. No porque cumpla todos los requisitos sino porque El los cumplió en mi nombre.

Esa identidad es la base desde la cual hoy predico, ensenao, escribo. No habló como alguien que ha llegado y lo sabe todo — habló como alguien que fue encontrada en el camino, que fue levantada del polvo, que fue enviada de vuelta al mundo no con un reglamento sino con un mensaje: hay gracia para ti. Hay esperanza para ti. Hay un Dios que te conocio antes de que tu lo buscaras.

La placa decia lo que yo hacia. La cruz dice quién soy.

Preguntas para reflexión:

1. ¿Cómo describiras tu propio encuentro con Dios? ¿Fue dramático o silencioso?

2. ¿Qué cosas has teñido que 'desaprender' en tu camino de fe?

3. ¿En que te basas para definir tu identidad? ¿En lo que haces o en quien eres en Cristo?

CAPÍTULO 8

El Mundo en Decadencia

Leyes sin alma

"Pero el Espíritu dice claramente que en los postreros tiempos algunos apostaran de la fe, escuchando a espíritus enganadores y a doctrinas de demonios."

— 1 Timoteo 4:1 (RVR 1960)

I. EL DIAGNÓSTICO DE NUESTRA ERA

Vivimos en un momento de la historia que los sociólogos describen como una crisis de instituciones. Las instituciones que durante siglos funcionaron como pilares del orden social — la familia, la iglesia, el estado, la ley — han perdido buena parte de su autoridad moral. No necesariamente su poder formal, pero si la confianza que la gente deposita en ellas.

Y no sin razón. Hemos visto a políticos invocar la ley mientras la violan en privado. Hemos visto a lideres religiosos predicar la santidad mientras devastaban con sus acciones a los mas vulnerables. Hemos visto a jueces ser comprados, a legisladores ser corrompidos, a instituciones ser capturadas por intereses que no tienen nada que ver con el bien común.

El resultado es una sociedad que tiene mas leyes que nunca y menos justicia que nunca. Mas regulación y menos orden real. Mas discurso moral y menos ética genuina.

Conozco ese fenómeno desde adentro. Vi como el sistema del que era parte podía ser simultáneamente correcto en sus normas y profundamente corrupto en su aplicación.

II. POLÍTICA: CUANDO LA LEY SE CONVIERTE EN ARMA

La política, en su concepción original, es el arte de organizar la vida en comunidad para el bien de todos. Eso es hermoso. Eso merece ser apoyado y defendido.

Pero la política que vemos en muchos contextos contemporáneos se ha convertido en otra cosa: en la lucha por el poder a cualquier costo, en el uso de la ley como arma para eliminar a los oponentes, en la construcción de narrativas que dividen para conquistar.

Los creyentes somos llamados a ser buenos ciudadanos, a orar por las autoridades, a participar responsablemente en la vida pública. Pero también somos llamados a no idolatrar ningún sistema político ni confundir el reino de Dios con ninguna plataforma partidista.

El reino de Dios no tiene partido. Tiene valores. Y esos valores con frecuencia cuestionan tanto a la izquierda como a la derecha.

III. RELIGIÓN SIN CRISTO: EL PELIGRO DEL NOMBRE DE DIOS MAL USADO

Una de las formas mas peligrosas de decadencia no es el ateísmo abierto sino la religión que usa el nombre de Dios para legitimar lo que Dios rechaza.

A lo largo de la historia — y hoy no es diferente — personas y movimientos han invocado a Dios para justificar la violencia, la discriminación, la acumulación de poder y la explotación de los débiles. Han tomado versículos fuera de contexto para construir teologías que no se parecen en nada al Dios de las Escrituras.

Jesús fue muy claro sobre esto: 'No todo el que me dice: Señor, Señor, entrara en el reino de los cielos, sino el que hace la voluntad de mi Padre que esta en los cielos' (Mateo 7:21). El criterio no es el vocabulario religioso. El criterio es la transformación real producida por el encuentro real con el Dios real.

La religión que no produce amor genuino, humildad real y justicia auténtica no es el evangelio de Cristo — es una caricatura que lleva su nombre.

IV. LA DECADENCIA QUE NADIE QUIERE VER

Hay una decadencia obvia — la de los noticieros, la de las estadísticas de crimen, la de los escándalos públicos. Y hay una decadencia silenciosa que es igualmente peligrosa: la de las familias que se fragmentan sin drama visible, la de las personas que viven desconectadas de cualquier comunidad significativa, la del alma colectiva que ha perdido el sentido de lo sagrado.

Puerto Rico, como muchos lugares de América Latina y el mundo hispano, tiene una tradición de fe profunda que ha sido el tejido conector de comunidades en momentos de crisis. Esa tradición esta siendo desafiada. No por persecución violenta, sino por algo mas sutil: la indiferencia, el entretenimiento sin fin, la cultura del momento que no deja espacio para la profundidad.

El llamado de la iglesia — y el llamado de cada creyente — es resistir esa corriente. No con nostalgia, sino con esperanza viva. No con condena, sino con demostración de que hay una manera mejor de vivir.

El mundo en decadencia no necesita mas críticos. Necesita testigos de otra posibilidad.

Preguntas para reflexión:

1. ¿Cómo equilibras la conciencia de la decadencia del mundo con la esperanza del evangelio?

2. ¿En que formas puedes ser un testimonio de justicia y gracia en tu comunidad específica?

3. ¿Qué papel debe tener la iglesia en los temas de justicia social y política sin perder su identidad espiritual?

CAPÍTULO 9

Las Artimañas del Enemigo

El adversario que nunca descansa

"Porque no tenemos lucha contra sangre y carne, sino contra principados, contra potestades, contra los gobernadores de las tinieblas de este siglo."

— Efesios 6:12 (RVR 1960)

I. SATANÁS NO NECESITA INVENTAR: SOLO PERVIERTE

En mis años como agente, aprendí algo sobre los criminales mas sofisticados: no siempre actuan de manera obvia. Los mejores — los mas peligrosos — operan en los margenes de lo legal, aprovechando las grietas del sistema, usando las mismas estructuras creadas para el orden para promover el caos.

El enemigo de nuestras almas ópera de manera similar. No necesita inventar nuevas estrategias desde cero. Le basta con tomar lo bueno que Dios creó y torcerlo ligeramente hasta convertirlo en su opuesto.

La ley, creada para el orden, se convierte en legalismo que esclaviza. La gracia, dada para liberar, se convierte en licencia para pecar. La fe, llamada a uñir, se convierte en fanatismo que divide. La iglesia, levantada para servir, se convierte en estructura de poder que oprime.

Satanás no necesita destruir lo bueno. Le basta con desviarlo unos grados para que, multiplicado por el tiempo, llegué a un lugar completamente distinto del original.

II. LA CONFUSIÓN ENTRE LA LEY Y EL EVANGELIO

Una de las artimañas mas efectivas del enemigo en el contexto religioso es mantener a las personas confundidas sobre la diferencia entre la ley y el evangelio. Porque si no entiendes la diferencia, pasaras tu vida intentando ganarte lo que ya fue dado gratuitamente, o viviras en una gracia mal entendida que no produce transformación real.

El legalismo dice: haz esto y Dios te amara. El libertinaje dice: Dios te ama, por lo tanto puedes hacer lo que quieras. El evangelio dice algo completamente diferente: Dios te ama con amor incondicional, ese amor te transforma de adentro hacia afuera, y esa transformación produce fruto visible.

Mantener a las personas en los extremos del legalismo o el libertinaje es mantenerlas lejos del evangelio real. Y un creyente que no vive desde el evangelio real es un creyente sin poder.

III. EL ENEMIGO EN LA POLÍTICA Y LA RELIGIÓN

El libro de Apocalipsis habla de dos bestias: una que representa el poder político corrupto y otra que representa la religión corrupta. No es casualidad que el apocalipsis presente estas dos como los instrumentos primarios del adversario en los últimos tiempos.

La política sin valores morales genuinos se convierte en un sistema que consume a las personas para su propio beneficio. La religión sin Cristo — sin la cruz, sin la resurrección, sin la transformación real — se convierte en una herramienta de control social que lleva el nombre de Dios pero niega su poder.

Como creyentes, debemos tener discernimiento para no ser engandados por ninguno de estos extremos. Participamos en la vida política como ciudadanos responsables, pero no idolatramos ninguna figura política. Participamos en la vida religiosa como comunidad de fe, pero no seguimos a lideres que se han separado del evangelio para seguir su propia agenda.

IV. EL DISCERNIMIENTO COMO ARMA ESPIRITUAL

Pablo escribe a los Corintios: 'No ignoramos sus maquinaciones' (2 Corintios 2:11). El discernimiento espiritual no es paranoia — es conciencia informada por la Palabra de Dios sobre como ópera el adversario.

El discernimiento se desarrolla en tres espacios. Primero, en la Palabra: conocer las Escrituras lo suficientemente bien para reconocer cuando algo se las contradice. Segundo, en la comunidad: ninguno de nosotros puede ver con claridad en solitario; necesitamos la perspectiva de otros creyentes maduros. Tercero, en la oración: el Espíritu Santo es el Espíritu de verdad, y su función incluye guiarnos a toda verdad.

La buena noticia es esta: el adversario, por poderoso que sea, ópera bajo límites que Dios establece. Lo vimos en Job. Lo vemos en la tentación de Jesús. Satán nunca tiene la última palabra. Jamás.

El enemigo tiene artimañas. Pero Dios tiene soberanía. Y esa es una diferencia que lo cambia todo.

Preguntas para reflexión:

1. ¿En que áreas de tu vida ha operado el enemigo torciendo algo bueno en lugar de atacarte directamente?

2. ¿Cómo desarrollas el discernimiento espiritual en tu vida cotidiana?

3. ¿Qué mecanismos usas para no caer en los extremos del legalismo o el libertinaje?

CAPÍTULO 10

Todos Creen Tener la Verdad

La humildad que el evangelio exige

"La soberbia del hombre le abate; pero al humilde de espíritu sustenta la honra."

— Proverbios 29:23 (RVR 1960)

I. EL PROBLEMA DE LA CERTEZA ABSOLUTA HUMANA

Uno de los rasgos mas peligrosos de nuestra era — y de todas las eras — es la certeza absoluta con que los seres humanos defienden sus posiciones. No importa de que lado del espectro vengan: izquierda o derecha, progresista o conservador, religioso o secular, cada bando ópera con la convicción de que ellos son los que tienen la verdad y los demás estan irremediablemente equivocados.

Como agente de la ley, conocía esa certeza desde adentro. La seguridad de que el sistema que representaba era el correcto, que las personas que enfrentaba eran claramente culpables, que la manera en que aplicabamos los procedimientos era la apropiada. Esa certeza era funcional para el trabajo. Pero también podía ser — y a veces era — fuente de errores graves cuando la realidad era mas compleja que nuestro esquema.

La humildad epistemica — reconocer los límites del propio conocimiento — no es debilidad intelectual. Es honestidad intelectual. Y en el contexto de la fe, es una virtud que el evangelio directamente produce en quienes lo reciben de verdad.

II. LA DIFERENCIA ENTRE CONVICCIONES Y ARROGANCIA

Es importante aclarar: hablar de humildad no significa relativismo. No significa decir que todas las posiciones son igualmente válidas o que no hay verdades absolutas. El evangelio mismo es una verdad absoluta: Jesús es el camino, la verdad y la vida, y nadie llega al Padre sino por El (Juan 14:6).

La humildad de la que habló no es relativismo — es la conciencia de que yo, como ser humano limitado y finito, no tengo acceso completo a toda la verdad. Puedo tener convicciones firmes y al mismo tiempo reconocer que hay aspectos de esas convicciones que podrian necesitar refinamiento, que hay preguntas que no tengo completamente resueltas, y que las personas que piensan diferente a mi no son necesariamente maliciosas — pueden estar, como yo en tantos momentos, simplemente equivocadas.

La arrogancia cierra las puertas. La humildad las abre, incluyendo la puerta del evangelio.

III. CUANDO LA RELIGIÓN SE VUELVE TRINCHERA

Uno de los fenómenos mas dolorosos en la historia del cristianismo es cuando la fe se convierte en identidad tribal en lugar de transformación genuina. Cuando 'ser cristiano' significa principalmente pertenecer a cierto grupo cultural o político, defender ciertas posiciones públicas, y marcar con claridad quienes son los de adentro y quienes los de afuera.

Jesús no construyo trincheras. Jesús cruzaba las fronteras que su cultura consideraba infranqueables: habló con samaritanos, toco a leprosos, ceño con recaudadores de impuestos, perdono a una adúltera en el momento de su mayor vergüenza. Su ministerio consistio en gran medida en violar las categorías de inclusión y exclusión que su sociedad había establecido.

La iglesia que sigue a ese Jesús no puede ser una trinchera. Debe ser una mesa abierta.

IV. HACIA UNA CERTEZA CORRECTAMENTE FUNDAMENTADA

Entonces, ¿por que creer que el evangelio es verdad si debemos ser humildes sobre nuestro conocimiento? La respuesta esta en el objeto de la fe, no en la intensidad del creyente.

La fe cristiana no descansa sobre nuestra certeza subjetiva. Descansa sobre hechos históricos: la vida, muerte y resurrección de Jesús de Nazaret, atestiguados por múltiples testigos, transformadores de vidas durante veinte siglos, capaces de explicar la condición humana con una profundidad que ninguna otra cosmovisin iguala.

Podemos tener convicciones firmes y al mismo tiempo mantener la humildad de quien sabe que ver 'en espejo, oscuramente' (1 Corintios 13:12) es la condición del creyente en este lado de la eternidad. La plenitud del conocimiento esperamos verla cara a cara.

No necesito tener todas las respuestas para confiar en el que SI las tiene.

Preguntas para reflexión:

1. ¿Hay áreas en tu vida donde tu certeza ha bloqueado tu capacidad de escuchar a otros?

2. ¿Cómo distingues entre convicción firme fundamentada en la Escritura y arrogancia religiosa?

3. ¿Conoces personas que piensan diferente a ti? ¿Cómo puedes relacionarte con ellas desde el modelo de Jesús?

CAPÍTULO 11

La Resurrección Lo Resuelve Todo

El punto donde la historia cambia de dirección

"No esta aquí, pues ha resucitado, como dijo. Venid, ved el lugar donde fue puesto el Señor."

— Mateo 28:6 (RVR 1960)

I. UNA TUMBA VACÍA QUE CAMBIA TODO

La mañana del primer día de la semana, tres mujeres van a embalsamar un cuerpo. Llevan especies aromáticas, van con el corazón roto, van con la resignación de quien sabe que la historia ya término y no tiene un buen final.

Y encuentran la tumba vacía.

Este es el hecho central del cristianismo. No una enseñanza moral. No un sistema filosófico. No una institución religiosa. Una tumba vacía en Jerusalén, el primer día de la semana, en algún momento del año 30 d.C.

Todo lo que el cristianismo afirma, todo lo que predico, todo lo que escribo en este libro, descansa sobre ese hecho. Si Jesucristo no resucito de los muertos, el apóstol Pablo lo dice sin rodeos: 'nuestra predicación es vana, y vana es también vuestra fe' (1 Corintios 15:14). Si resucito — y la evidencia histórica y la experiencia transformadora de millones lo afirman — entonces todo cambia.

II. LA RESURRECCIÓN COMO VEREDICTO

Desde mi perspectiva de alguien formada en el pensamiento legal, la resurrección tiene una dimensión que me resulta particularmente poderosa: es un veredicto.

Jesús murió bajo condena. Fue juzgado por las autoridades religiosas y políticas de su tiempo, encontrado culpable de blasfemia y subversión, y ejecutado con la pena máxima de la ley romana: la crucifixión. Desde la perspectiva del sistema legal de su época, el caso estaba cerrado. La ley había hablado.

Pero Dios el Padre también habló. Y su veredicto fue diferente: vindicación. Justificación. La resurrección fue la declaración del Padre de que la muerte de su Hijo no fue la derrota de un criminal sino el sacrificio del Salvador. Que la condena que el sistema humano impuso fue voluntariamente asumida para liberar a quienes merecian ser condenados.

La ley humana dijo: culpable. Dios dijo: justificado. Y respaldo su veredicto con una tumba vacía.

III. LA RESURRECCIÓN COMO RESPUESTA A LA DECADENCIA

Cuando miramos el mundo y nos preguntamos 'za donde vamos a parar?', la resurrección ofrece una respuesta que ninguna reforma política, ninguna legislación, ninguna revolución social puede dar: la historia tiene un destino.

El Cristo resucitado es el primero de una nueva creación. Su resurrección es el anticipo, la garantía, la primicia de una renovación cósmica que esta en proceso y que culminara cuando El regrese. El libro de Apocalipsis lo describe como la creación de 'un cielo nuevo y una tierra nueva' — no la destrucción de la creación sino su restauración y perfección.

Esto no es escapismo. Es la base de la esperanza mas robusta que existe. No esperamos que la situación mejore porque los humanos eventualmente se vuelvan mas razonables. Esperamos porque el Dios que resucito a Jesús esta activamente redimiendo todas las cosas, y terminara lo que empezó.

IV. LA RESURRECCIÓN COMO PODER PARA HOY

La resurrección no es solo un evento del pasado que nos da esperanza para el futuro. Es una realidad presente que transforma el hoy.

Pablo ora en Efesios 1 para que los creyentes conozcan 'cual la supereminente grandeza de su poder para con nosotros los que creemos, segün la operación del poder de su fuerza, la cual opero en Cristo, resucitandole de los muertos'. El mismo poder que resucito a Jesús ópera en la vida de cada creyente.

Para la agente sin piedad que fui, ese poder hizo algo que ningún entrenamiento, ningún éxito profesional, ningún logro humano pudo hacer: cambió mi corazón. Me dio capacidad para amar donde antes solo podía juzgar. Me dio compasión donde antes solo había eficiencia. Me dio gracia para darla donde antes solo exigia rendición de cuentas.

La resurrección no es el final de la historia. Es el comienzo de una historia que no tendra fin.

Preguntas para reflexión:

1. ¿Qué evidencias de la resurrección de Cristo son mas convincentes para ti personalmente?

2. ¿Cómo cambia tu perspectiva sobre las dificultades del presente cuando las ves a la luz de la esperanza de la resurrección?

3. ¿En que áreas de tu vida necesitas experimentar hoy el poder del Cristo resucitado?

CAPÍTULO 12

¿Qué Podemos Hacer?

Una llamada a vivir en gracia

"El ha declarado lo que es bueno, y que pide Jehová de ti: solamente hacer justicia, y amar misericordia, y humillarte ante tu Dios."

— Miqueas 6:8 (RVR 1960)

I. LA PREGUNTA QUE NO PUEDE QUEDARSE SIN RESPUESTA

Hemos recorrido un largo camino juntos. Desde los callejones de Puerto Rico hasta el Sinai. Desde la academia policial hasta el Sermón del Monte. Desde los reconocimientos de Agente del Año hasta la tumba vacía de Jerusalén.

Y al final de este recorrido, la pregunta sigue siendo válida y urgente: zpues que podemos hacer nosotros? Los que vivimos en este mundo real, con sus sistemas corruptos y sus decadencias visibles, con sus políticas que decepcionan y sus religiones que a veces deshonran a Dios, con sus noticias que desalientan y sus estadísticas que atemorizan. ¿Qué podemos hacer?

La respuesta no es complicada. Aunque si es exigente.

II. HACER JUSTICIA

El profeta Miqueas condensa en un versículo lo que Dios requiere de los seres humanos: hacer justicia, amar misericordia y humillarte ante tu Dios. Comenzamos con la justicia.

Hacer justicia no es lo mismo que aplicar la ley. Yo aprendí esa distinción de la manera mas dura. La justicia genuina — la justicia que Dios valora — incluye defender al vulnerable, darle voz al que no la tiene, asegurarse de que los sistemas sirvan a las personas y no al revés.

En términos prácticos, hacer justicia significa: hablar cuando se puede callar. Defender a quien esta siendo tratado injustamente. Usar cualquier posición o plataforma que Dios te ha dado para que los que no tienen voz la tengan. No cruzar al otro lado del camino cuando alguien esta herido a la orilla.

La iglesia de Cristo no puede ser una comunidad que solo cuida de si misma. Debe ser una comunidad que irrumpe en el mundo con la justicia del reino.

III. AMAR MISERICORDIA

La justicia sin misericordia es dureza. La misericordia sin justicia es sentimentalismo. Miqueas los une porque son inseparables en el carácter de Dios.

Amar la misericordia es algo diferente a simplemente ejercerla cuando es conveniente. Es valorarla, buscarla, preferirla. Es ser el tipo de persona que, cuando enfrenta a alguien que ha fallado, su primer impulso no es el juicio sino la pregunta: ¿por que? ¿Qué necesita esta persona? ¿Cómo puede ser restaurada?

Esto no significa negar las consecuencias. La misericordia no cancela la responsabilidad. Jesús no le dijo a la mujer adúltera que lo que había hecho no importaba — le dijo 've, y no peques mas'. Hubo gracia y hubo verdad, en ese orden.

Yo aprendí de la manera mas larga que la misericordia no es debilidad. Es la forma mas poderosa de la justicia, porque apunta no solo a la conducta sino al corazón.

IV. HUMILLARTE ANTE TU DIOS

El tercer elemento de la fórmula de Miqueas es quizá el mas importante porque es el fundamento de los otros dos. Si haces justicia desde el orgullo, terminas siendo un opresor con buenas razones. Si ejerces misericordia desde la superioridad, terminas siendo un benefactor condescendiente.

La humildad ante Dios es lo que calibra todo lo demás. Es la conciencia constante de que todo lo que tenemos — la capacidad para la justicia, la compasión para la misericordia, la sabiduría para discernir — viene de El, no de nosotros. Que somos instrumentos en sus manos, no héroes de nuestra propia narrativa.

Para la exagente que solía ser el centro de su propio universo de logros, esta fue la lección mas difícil y la mas liberadora: no soy la protagonista. Soy, en el mejor de los casos, un personaje secundario en la historia que Dios esta escribiendo. Y ese es exactamente el lugar donde quiero estar.

V. EL LLAMADO ESPECÍFICO PARA ESTE MOMENTO

Cada generación tiene su llamado específico. La nuestra es predicar el evangelio en un mundo que ha perdido la confianza en las instituciones, que necesita desesperadamente ver comunidades donde la justicia y la misericordia sean reales y no solo retóricas.

Necesitamos creyentes que esten en la política, no para idolatrarla sino para ser sal y luz dentro de ella. Creyentes en el sistema de justicia — como lo fui yo — que traigan al ejercicio de sus funciones los valores del reino. Creyentes en los medios de comunicación, en la educación, en los negocios, en las comunidades locales, que demuestren que hay otra manera de vivir.

Y necesitamos una iglesia que no se contente con mantener a los creyentes cómodos dentro de sus paredes, sino que los equipe y los envie a ser presencia del Cristo vivo en cada rincón de la sociedad.

No somos espectadores de la historia. Somos participantes de la historia mas grande que el mundo ha conocido.

Preguntas para reflexión:

1. ¿En tu contexto específico, que significa hacer justicia, amar misericordia y humillarte ante Dios?

2. ¿Qué cambió concreto puedes hacer esta semana que refleje los valores del reino de Dios?

3. ¿A quien necesitas pedir perdón o restaurar una relación, empezando a vivir desde la gracia?

EPÍLOGO

La Agente que Aprendió a Tener Misericordia

Llegamos al final. O mas bien, llegamos al comienzo.

Porque eso es lo que el evangelio hace: no pone un punto final sino un punto de partida. No cierra la historia sino que la reorienta hacia un destino que excede todo lo que podemos imaginar.

He contado en estas páginas la historia de una mujer que conocio la ley antes que la gracia, que aprendió la justicia humana antes de descubrir la justicia divina. Una mujer que vivió por el reglamento, que fue reconocida por el sistema, que había construido su identidad sobre la placa — y que fue encontrada, en el momento mas inesperado, por un Dios que tenía otros planes.

No escribo esto como alguien que ha llegado. Lo escribo como alguien que esta en el camino, que tropieza todavía, que tiene días en que el viejo instinto de juzgar antes que comprender vuelve a asomar. La diferencia es que hoy reconozco ese instinto, lo llevo a la cruz, y pido la gracia de responder de manera diferente.

Quiero terminar con una imagen que no he podido dejar de pensar mientras escribia este libro.

En el sistema de justicia, cuando alguien es declarado culpable, hay un momento específico en que el juez pronuncia la sentencia. El acusado esta de pie, a veces con las manos esposadas, enfrentando las consecuencias de sus acciones. La ley ha hablado.

Pero en el evangelio, hay una escena diferente. Un hombre colgado en una cruz, entre dos criminales. Y a uno de esos criminales, en el último momento de su vida, con las consecuencias de toda una existencia mal vívida cerrándose sobre el, el Hombre de la cruz le dice: 'De cierto te digo que hoy estara conmigo en el paraíso.'

Eso es la gracia. No la negación de las consecuencias. No la pretensión de que el pasado no ocurrió. Sino un amor que alcanza incluso a quien ya no tiene tiempo de ganarse nada, que ofrece lo que nunca se podria merecer, que abre una puerta cuando toda lógica dice que ya no hay puertas disponibles.

Yo soy ese criminal. Y quizás tu también.

No el criminal que cometio los delitos que yo perseguia en las calles de Puerto Rico. El criminal de una manera mas profunda: alguien que ha vívido como si no necesitara a Dios, que ha construido su propio sistema de justificación, que ha aplicado la ley a otros con una dureza que nunca se aplico a si mismo.

Y ese criminal — ese ser humano que somos todos sin excepción — es exactamente a quien esta dirigido el evangelio. No a los que ya tienen todo resuelto. A los que saben — o estan aprendiendo — que no pueden resolverlo solos.

La ley me formo.
La gracia me transformó.
Y la misericordia que recibí, hoy la entrego.

Con amor y esperanza,
María Isabel Rodriguez
Pastora | Autora | Servidora de Cristo
Puerto Rico, Estados Unidos

BIBLIOGRAFÍA

A. Textos Bíblicos y Versiones

Santa Biblia, Versión Reina-Valera 1960 (RVR 1960). Sociedades Bíblicas Unidas.

Santa Biblia, Nueva Versión Internacional (NVI). Editorial Vida, 2016.

La Biblia de las Américas (LBLA). The Lockman Foundation, 1997.

The Holy Bible, English Standard Versión (ESV). Crossway, 2001.

Biblia de Estudio de Ginebra. Editorial TELL, 2009.

B. Teología Sistemática y Bíblica

Berkhof, Louis. Teología Sistemática. Libros Desafío, 2010.

Calvin, Juan. Institución de la Religión Cristiana. 2 vols. Fundación Editorial de Literatura Reformada, 2003.

Grudem, Wayne. Teología Sistemática: Una Introducción a la Doctrina Bíblica. Editorial Vida, 2007.

Sproul, R.C. La Santidad de Dios. Unilit, 1998.

Sproul, R.C. Faith Alone: The Evangelical Doctrine of Justification. Baker Books, 1995.

Packer, J.I. El Conocimiento de Dios. Andamio, 2006.

Frame, John M. Systematic Theology: An Introduction to Christian Belief. P&R Publishing, 2013.

Reymond, Robert L. A New Systematic Theology of the Christian Faith. Thomas Nelson, 1998.

Bavinck, Herman. Reformed Dogmatics. 4 vols. Baker Academic, 2003-2008.

Turretin, Francis. Institutes of Elenctic Theology. 3 vols. P&R Publishing, 1992.

C. Comentarios Bíblicos

Carson, D.A. El Sermón del Monte. Andamio, 2000.

France, R.T. The Gospel of Matthew. NICNT. Eerdmans, 2007.

Moo, Douglas J. The Epistle to the Románs. NICNT. Eerdmans, 1996.

Schreiner, Thomas R. Galatians. Zondervan Exegetical Commentary. Zondervan, 2010.

Ridderbos, Herman. Paul: An Outline of His Theology. Eerdmans, 1975.

Longman III, Tremper. Psalms: An Introduction and Commentary. IVP Academic, 2014.

Block, Daniel I. The Book of Ezekiel. NICOT. 2 vols. Eerdmans, 1997.

Oswalt, John N. The Book of Isaiah. NICOT. 2 vols. Eerdmans, 1986.

Stuart, Douglas. Hosea-Jonah. WBC. Word Books, 1987.

Keener, Craig S. The Gospel of John: A Commentary. 2 vols. Hendrickson, 2003.

Thielman, Frank. Ephesians. BECNT. Baker Academic, 2010.

Bruce, F.F. The Book of Acts. NICNT. Eerdmans, 1988.

D. Ley, Gracia y Evangelio

Horton, Michael. El Evangelio Segün Jesús. Editorial Patmos, 2009.

Horton, Michael. Cristiano sin Cristo: Vivir el Evangelio en la Era del Humanismo. Poiema Publicaciones, 2013.

Bridges, Jerry. Transformados por Su Gracia. NavPress en Español, 2008.

Luther, Martín. Comentario a los Gálatas. Clie, 2004.

DeRouchie, Jason S. What the Old Testament Authors Really Cared About. Kregel Academic, 2013.

Gentry, Peter J. y Stephen J. Wellum. Kingdom through Covenant. Crossway, 2012.

VanDrunen, David. Divine Covenants and Moral Order. Eerdmans, 2014.

Stott, John R.W. The Message of the Sermón on the Mount. IVP, 1978.

Keller, Timothy. El Dios Pródigo: Recuperando el Corazón de la Fe Cristiana. Editorial Peniel, 2009.

Keller, Timothy. La Justicia Generosa. B&H Español, 2012.

E. Teología Pastoral y Consejeria

Powlison, David. Seeing with New Eyes. P&R Publishing, 2003.

Adams, Jay E. Capacitado para Orientar. Clie, 1981.

Welch, Edward T. Cuando la Gente Es Grande y Dios Es Pequeño. POIEMA, 2017.

Tripp, Paul David. Instruments in the Redeemer's Hands. P&R Publishing, 2002.

Fitzpatrick, Elyse M. Idols of the Heart. P&R Publishing, 2001.

Lane, Timothy S. y Paul David Tripp. How People Change. Punch Press, 2006.

Guthrie, Nancy. Hearing Jesús Speak into Your Sorrow. Tyndale House, 2009.

Bridges, Jerry. Respectable Sins. NavPress, 2007.

Chéster, Tim. You Can Change. Crossway, 2010.

Priolo, Lou. Pleasing People: How Not to Be an Approval Junkie. P&R Publishing, 2007.

F. Fe, Sociedad y Justicia

Colson, Charles y Nancy Pearcey. Y Ahora, Como Viviremos? Editorial Unilit, 2000.

Pearcey, Nancy. Verdad Total: Liberando el Cristianismo de su Cautiverio Cultural. Ideapress, 2008.

Schaeffer, Francis A. El Dios que Interviene. Logoi, 1985.

Wolterstorff, Nicholas. Justice: Rights and Wrongs. Princeton University Press, 2008.

Plantinga, Alvin. Warranted Christian Belief. Oxford University Press, 2000.

Kuyper, Abraham. Lectures on Calvinism. Eerdmans, 1931.

Mouw, Richard J. Uncommon Decency: Christian Civility in an Uncivil World. IVP Books, 2010.

Sider, Ronald J. El Escándalo de la Conciencia Evangélica. Kairos, 2006.

Wright, N.T. El Desafío de Jesús. Sal Terrae, 2003.

Hauerwas, Stanley. A Community of Character. University of Notre Dame Press, 1981.

G. Resurrección, Historia y Apologética

Wright, N.T. La Resurrección del Hijo de Dios. Sigueme, 2008.

Habermas, Gary R. y Michael R. Licona. The Case for the Resurrection of Jesús. Kregel, 2004.

Craig, William Lane. Asalto a la Razón: Una Defensa Racional del Cristianismo. Clie, 2011.

Lewis, C.S. Mero Cristianismo. Rayo/HarperCollins, 2006.

Lewis, C.S. El Problema del Dolor. Rayo/HarperCollins, 2006.

Strobel, Lee. El Caso de Cristo. Editorial Vida, 2000.

Bauckham, Richard. Jesús and the Eyewitnesses. Eerdmans, 2006.

Licona, Michael R. The Resurrection of Jesús: A New Historiographical Approach. IVP Academic, 2010.

Moreland, J.P. Scaling the Secular City. Baker Books, 1987.

Lennox, John C. Dios y la Ciencia: Una Respuesta al Ateísmo Moderno. Clie, 2010.

H. Espiritualidad y Formación Cristiana

Tozer, A.W. El Conocimiento del Dios Santo. Editorial Vida, 1978.

Murray, Andrew. Humildad. Clie, 2008.

Chambers, Oswald. En Pos de lo Supremo. CLC, 2006.

Foster, Richard J. Celebración de la Disciplina. Editorial Betania, 1986.

Willard, Dallás. El Espíritu de las Disciplinas. Editorial Betania, 1994.

Whitney, Donald S. Spiritual Disciplines for the Christian Life. NavPress, 2014.

Piper, John. El Deleite de Dios. Publicaciones Faro de Gracia, 2006.

Piper, John. Sed de Dios: Meditaciones de un Hedonista Cristiano. Publicaciones Faro de Gracia, 2004.

Spurgeon, Charles H. Aliento para el Diario Vivir. Portavoz, 2007.

Stott, John R.W. La Fe Cristiana Hoy. Certeza, 1990.

❖

ACERCA DE LA AUTORA

María Isabel Rodriguez

Pastora | Autora | Lider Ministerial

María Isabel Rodriguez es pastora, autora y lider ministerial con base en los Estados Unidos. Natural de Puerto Rico, su historia es una de las mas singulares que el ministerio cristiano ha producido en el mundo hispano: diez años como agente del orden público en el servicio estatal de Puerto Rico, donde fue reconocida como Agente del Año en múltiples ocasiones, antes de ser llamada por Dios al ministerio de la Palabra.

Su formación incluye estudios en Ciencias Jurídicas, lo que le otorga una perspectiva única para explorar la relación entre la ley humana y la ley divina. Esa formación legal, combinada con su experiencia de primera línea en el sistema de justicia puertorriqueño, hace de su voz una voz diferente en el panorama del ministerio cristiano en español: una voz que conoce el peso de la ley desde adentro, y que por eso puede hablar de la gracia con una autoridad que nace de la experiencia, no de la teoría.

Como pastora y lider ministerial, Rodriguez se ha dedicado durante años a la producción de recursos teológicos, pastorales y homiléticos en español para congregaciones e instituciones educativas. Su trabajo responde a una necesidad urgente: materiales de alto rigor bíblico y teológico, accesibles para el mundo hispano, que integren la formación doctrinal con la aplicación pastoral real.

Es autora de múltiples obras publicadas bajo el sello de Legacy Publishing House, que incluyen manuales de consejeria pastoral, estudios bíblicos, exposiciones teológicas y sermones expositivos. Su manual de consejeria pastoral *Raices y Alas* ha sido utilizado en programas de formación ministerial en múltiples países de habla hispana.

Su teología esta enraizada en la tradición reformada evangélica, con un énfasis particular en la soberanía de Dios, la gracia irresistible y la suficiencia de las Escrituras. Sin embargo, su ministerio no se queda en el plano académico: cada concepto doctrinal es traducido en aplicación concreta para la vida del creyente, la familia, la iglesia y la comunidad.

Entre la Ley y la Gracia es quizá su obra mas personal: el libro donde convergen la mujer que fue, la fe que recibió, y el llamado que ahora abraza. Es la historia de una transformación que solo Dios puede escribir.

Para mas información sobre el ministerio de María Isabel Rodriguez, sus conferencias, recursos y publicaciones, visite:
www.legacypublishinghouse.com

www.ingramcontent.com/pod-product-compliance
Lightning Source LLC
LaVergne TN
LVHW010616110826
845149LV00003B/931

* 9 7 9 8 9 9 4 1 1 8 7 9 5 *